VERTISSEMENT POUR MONSEIGNEUR LE DUC DE BOURGOGNE.

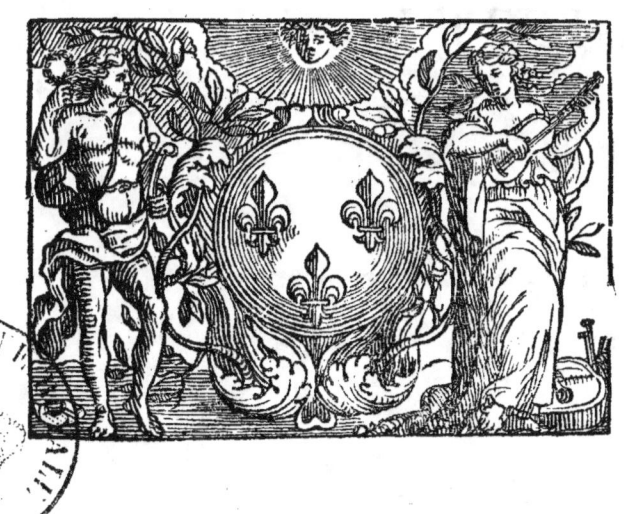

A PARIS,
RISTOPHE BALLARD, seul Imprimeur du Roy
pour la Musique, ruë S. Jean de Beauvais,
au Mont Parnasse.

M. DC. LXXXIII.

A MADAME LOUISE DE PRIE,

MARESCHALE DE LA MOTTE,

DUCHESSE DE CARDONNE, &c.

GOUVERNANTE DES ENFANS DE FRANCE.

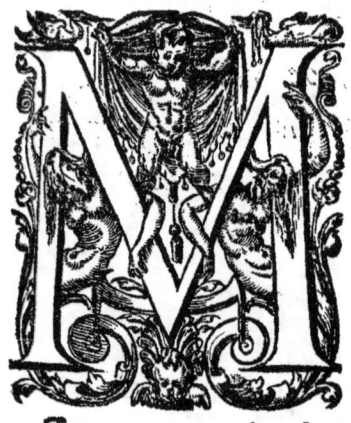ADAME,

Je me vois également embarraßé, en vous offrant ce petit Ouvrage, à faire vôtre Eloge & à demander voſtre protection. Cependant, MADAME,

ã ij

EPISTRE.

l'un surpasse mes forces, & je sçay l'autre au dessus de mon merite. Comme je n'ay pas assez d'habileté, je n'ay garde d'hazarder le premier ; il n'appartient qu'à une plume eloquente de toucher finement cette beauté d'esprit ; cette droiture de cœur ; ces manieres engageantes ; ce bon goût ; cette Vertu heroïque, & ce merite extraordinaire qui vous attirent tant d'eloges & l'estime de toute la Cour. Pour moy, MADAME, je m'en tiens à vôtre protection, fondé sur vôtre bonté ; & d'ailleurs persuadé de vôtre zele, & de vôtre empressement dans toutes les rencontres qui peuvent donner du plaisir à cet aimable Prince dont le Roy vous a confié le Gouvernement. Cet auguste Enfant a témoigné tant de joye à m'entendre chanter quelques Airs que j'avois faits pour luy, que j'ay crû qu'un Ouvrage plus considerable le divertiroit encore plus agreablement : Voila mon unique veuë ; heureux ! si j'ay pû y reüssir & meriter par-là l'honneur de vostre protection, & l'avantage de me dire avec un profond respect,

MADAME,

Vostre tres-humble & tres-obeïssant serviteur,
BERNARD, de la Musique du Roy.

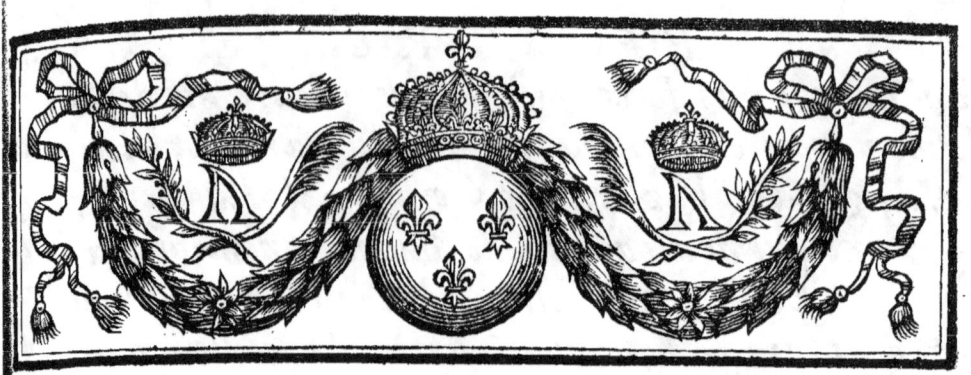

DIVERTISSEMENT
POUR MONSEIGNEUR
LE DUC DE BOURGOGNE.

LA RENOMMEE qui publie la grandeur des Exploits du Roy, & les Magnificences de Versailles.

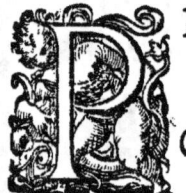EUPLES accoûtumez au bruit des grands Exploits
Qu'a fait dans l'Vnivers le plus puissant des Roys,
Dont le Nom a volé jusqu'au bout de la Terre;
Venez voir ce Grand ROY dans ce fameux Palais,
Vous l'oüistes tonner comme Dieu de la Guerre,
Vous le verrez briller comme Dieu de la Paix.

A

Quoy qu'ait dit la superbe & docte antiquité
Du Palais des Cesars qu'elle a si fort vanté,
Versailles est sans égal, & le seul qui merite
D'attirer les regards des hommes & des Dieux;
Plus charmant que les Lieux que Jupiter habite,
Et qui peut le tenter d'abandonner les Cieux.

Deux Graces qui aplaudissent à la Renommée.

DAns ces beaux Lieux où l'on voit tant de charmes
   Dans ces beaux Lieux
   Est le séjour des Dieux,
Chacun y vit sans chagrin, sans alarmes,
Tout y fleurit, tout y charme les yeux.
Dans ces beaux Lieux où l'on voit tant de charmes,
   Dans ces Beaux Lieux
   Est le séjour des Dieux,
Et si l'Amour y fait sentir ses armes,
Les Jeux, les Ris en bannissent les larmes,
On ne voit rien de si délicieux.
Dans ces beaux Lieux où l'on voit tant de charmes,
   Dans ces beaux Lieux
   Est le séjour des Dieux.

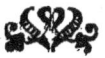

La Nymphe de Versailles.

Sejour plein de felicité,
Beaux séjour de la Majesté,
Séjour où tout plaisir abonde,
Séjour le plus charmant du Monde,
O! cent fois trop heureux séjour
Pour qui tout l'Univers soûpire!
Sejour où les Plaisirs, les Graces & l'Amour
Ont tous establi leur Empire.

Plainte des Bergers & Bergeres de Versailles
pendant l'absence du Roy.

Dans ce Lieu si charmant, ou tout le Monde sçait
Que l'on a veu souvent un Monarque adorable,
N'y remarque rien qui me paroisse aymable,
Loin de ce Grand Prince, il est tout imparfait.

Les Ruisseaux malgré le silence
Grondent d'un si triste départ,
Et tous les Arbres prennent part
Au Deüil que cause son absence,
Et les plus aimables Zephirs
Se sont tous changez en soûpirs.

Nos Chalumeaux & nos Musettes
Pendent aux Arbres de nos Bois,
Nous attendons dans nos Retraittes
Le retour du plus grand des Roys;
On n'entend plus les douces voix,
Les beaux Airs ny les Chansonnettes.
Nos Chalumeaux & nos Musettes
Pendent aux Arbres de nos Bois,
Nous attendons dans nos Retraittes
Le retour du plus grand des Roys.

Chœur des Bergers & Bergeres de Versailles.

POur augmenter l'inquietude
Qui nous devore nuict & jour,
On a fait une solitude
De nostre agreable séjour:
Que nostre sort est déplorable!
De ne voir plus dans ces beaux Lieux
Ce que la Terre trouve aimable
Et ce qu'on aime dans les Cieux.

LE DIEU PAN *qui anonce aux Bergers l'heureux retour de sa Majesté.*

BErgers pourquoy tant de soûpirs?
LOUIS dans ces beaux Lieux ramene les Plaisirs

Dissipez vos chagrins, bannissez vos alarmes,
Vous y verez l'objet de vos desirs,
Ce fameux Vainqueur, ce Conquerant plein de charmes.

LA FRANCE qui marque sa joye sur la Naissance de Monseigneur le Duc de Bourgogne.

ARbitre souverain de la Paix, de la Guerre,
Grand Roy plus redouté que le Dieu du Tonnerre,
    Pour combler vostre heureux Destin,
    Le Ciel qui veille pour le nostre
    Voulut vous donner un Dauphin,
    Ce Dauphin vous en donne un autre.

    Ces Princes que le Ciel vous donne,
    Aprés ce que vous avez fait,
Sont plus Grands d'estre issus d'un Heros si parfait
    Que d'heriter d'une Couronne.

Que si l'on voit en eux le Chef-d'œuvre des Cieux,
Et l'ornement parfait du beau Siecle où nous sommes,
C'est qu'ils sortent d'un Roy plus puissant que les Dieux,
Qui fait toute la gloire & le bonheur des hommes.
    Pour combler vostre heureux Destin,
    Le Ciel qui veille pour le nostre

Voulût vous donner un Dauphin ;
Ce Dauphin vous en donne un autre.

La Nymphe de Versailles & celle de la Seine qui invitent tous les Peuples à se réjouir sur l'Auguste Naissance de Monseigneur le Duc de Bourgogne.

Tout est charmé de la Naissance
D'un Fils qui sort du Sang des Dieux,
Il fait renaistre en abondance
Les Jeux, les Ris, dans ces beaux lieux :
Chantons à l'honneur de la France,
Et qu'on entende jusques dans les Cieux :
Tout est charmé de la Naissance
D'un Fils qui sort du Sang des Dieux.

Bergers Provenceaux qui viennent marquer ur joye & divertir Monseigneur le Duc de ourgogne, par leurs Chansons.

PREMIERE CHANSON.

MOn Diou las bellos chamados
Qu'a ques matin an dounat
Sur doues Trompetos daurados
Au grand Prince nouveou nat
L'un fasie tararo, taran lan la faliron ton ton:
Et puis l'autre ly respon,
Tararo taran lan la, faliron tonton
Sias louben vengut Picho poupon.

D'vn ton de réjoüissence
Fan entendré lours Concers
Et publicon sa naissance
Jusqu'au bout de l'vnivers,
En fazen tararo, &c.

DEUXIE'ME CHANSON.

ANnen li tous ensen
    Bregado
Annen li tous dansen
Per veyre lasjacen
Ly donnaren l'aubado.

Lou Flajollé,
Turou, lurou, lurou ré
Turou ru leuretto,
Tic, & tic, tic & tic, & tac sur la clinquete
Tan, patapan sur lou tambour
Per aquello mairé d'amour.

Faut réjoüir l'enfan
Emé son Perogran *La mairè*
Aqueou Grand Conqueran
E son Auguste Pairé.
Lou Flajollé, &c.

TROISIE'ME CHANSON.

Annen tous lou veire à Versailles
Dins son Bercëou;
Dieu que fay luzy lej muraillos
Commo un souleou,
Si dansez souleto
Lizetto,
Dis Charlo,
Dau clo clo de teis esclo
Divertiras lou picho.

Non fau pas veire les Cafcados
Dau beou Jardin
Que n'ayen fach millos combados.
Au Gran Dauphin,
Cependant lizeto.
Souleto
Dis Charlo
Dau clo clo de feis efclo
Divertira lou picho.

Grando & charmanto Marechallo
Pleno d'hounour
Que touto la Maifon Rouyallo
Aimo d'amour,
Souffrez que Lizeto
Souleto
Dis Charlo
Dau clo clo de feis efclo
Divertiffé lou picho.

CHANSON QUATRIESME.

PRend ton Tambour Charlo, ven eme jou
Per divertir l'Eroino
Dauphino
Qu'a fach un beou fiou.

Quand l'y feren veicy commo fau faire
>> Para pata pan
>> Lireto

A quo pau pas manqua de réjoüir la Mairé,
>> Para pata pan
>> Lireto

A quo pau pas manqua de réjoüir l'Enfan.
> Tout en jugan deſſus lou Tambourin

Veiras commen la Princeſſo
>> Caroſſo

> Son beou Poupelin.

Quand l'y feren veicy como fau faire,
>> Para pata pan, &c.

LA FRANCE A MONSEIGNEUR.

DAuphin digne de vos ayeux,
En vain pour vous former vous parcourez l'Hiſtoire
Sans un pareil ſecours nous liſons dans vos yeux
>> Quelle doit eſtre voſtre gloire;

Et ſi Mars une fois r'appelle ſes Guerriers
Vous irez dans ſes champs moiſſonner des Lauriers.

> Vous de qui la valeur par le Ciel fut choiſie

Pour abattre le Thrône & l'orgueil d'un Tyran,
L'on vous verra bien-toſt au milieu de l'Aſie
Relever nos Autels, renverſer l'Alcoran.

DIALOGVE ITALIEN DE LA GLOIRE, DE LA VICTOIRE, DE LA RENOMME'E, ET DE LA RELIGION, sur l'Auguste Naissance de Monseigneur le Duc de Bourgogne.

GLORIA.

S'Indori l'eltra, e da l'empirea molé
Splendino in trino aspetto eterni lumi
Ædal sol figlio al sole, è nato il sole.

VITTORIA.

Cosi, diviso in fiumi
Escé il mar da se stesso, e torna al mare
Lé trionfate insegne
ian fascie al Regio Infanté.

RELIGIONE.

Ione la fede constante!
L'alma gli accendero di santo zelo
Ondé sott altro Cielo
Trovi spatio piu vasto, é piu profondo,
Che troppo angusto a si gran parto. *e'il mundo.*

FAMA.

Io peregina alata
Indefeſſa nel volo,
Trarrò, nuova ſi lieta e ſi beata
Da l'uno à l'altro polo.

GLORIA.

Heroina di Bellona
Prendi eſſempio, e ſequi me,
Conſacrando una corona
Degna ſol del nuovo Ré.

FAMA.

Vna Compar ne voglio
Di meraviglie inuſitate, e belle.

GLORIA.

Io di palme.

VITTORIA.

Io d'allori.

RELIGIONE.

Et Io d'eſtelle.

I. POPVLI INCATENATI.

Chara dea de leffere,
Che da l'artico Lido al mar d'Atlante
Porti del gran Luigi y geſti eterni

Gia, che a pié del suo trono,
La sua rota inchiodo, cieca fortuna,
Gia, che la Francia aduna
Nel semideo nepote
Le speranze del mondo: Il braccio invitto.
Franga i barbari ferri,
Che ne opprimono il pié,
E sia suddito il mondo a si gran Ré.

FAMA.

Feliciſſima liberta
Vi promette luigi undi,
Sperate si si
In chi tutto puo.
La Catena che vilego
Egli un giorno discio gliera
Fosco nembo di duol, pui non v'ingombre
Che doue appare il sol fuggono l'ombre.

I. POPVLI.

O Giorno,
A Pieno
Sereno.
In cui verdeggia
La speme Gallica
Per cui germoglia
Il giglio d'or d'eternitade inseno.

D

FAMA.

Feliciſſima liberta
Vi promette luigi undi
Sperate ſi ſi
In chi tutto puo.
La catena che vi lego
Egli un giorno diſcio gliera
Foſco nembo di duol, piu non v'ingombre
Che doue appare il ſol, fuggone l'ombre.

I. POPVLI.

O Giorno,
A Pieno
Sereno.

LA GLOIRE ET LA RENOMMEE continüent.

Allons voir ce Heros, dont les divins regards
Ont plus de Majeſté que les douze Ceſars,
Ce ROY Victorieux par ſa haute prudence
Dans ſes heureux Eſtats voit regner aujourd'huy
~~La Juſtice, la Paix, la Gloire, l'Abondance,~~
~~Dans ſes heureux Eſtats voit regner aujourd'huy~~
La Juſtice, la Paix, la Gloire, l'Abondance,
Et tout part de ſes ſoins, & tout regne par luy.

LA VICTOIRE seule, & ensuite tous ensemble reprennent: Que tout l'Univers retentisse, &c.

QUE tout l'Univers retentisse
Des loüanges qu'on doit au plus puissant des Roys,
Que toute la Terre s'unisse
Et mesle ses chants à nos voix,
Pour chanter de LOUIS l'amour & les exploits.

fin.

LA NYMPHE DE VERSAILLES.

SEjour plein de felicité,
Beau séjour de la Majesté,
Séjour où tout plaisir abonde.
Séjour le plus charmant du monde:
O! cent fois trop heureux séjour
Pour qui tout l'Univers soûpire.
Séjour, où les plaisirs, les graces & l'amour
Ont tous établis leurs empires.

Chœur des Bergers de Versailles.

POur augmenter l'inquietude
Qui nous devore nuit & jour,
On a fait une Solitude
De nostre agreable Séjour.
Que nostre Sort est déplorable

De n'avoir plus dans nos beaux lieux
Ce que la terre trouve aimable
Et ce qu'on aime dans les Cieux.

F I N.

Permis d'imprimer. Fait ce 23 Novembre 16
Signé, DE LA REYNIE.

www.ingramcontent.com/pod-product-compliance
Lightning Source LLC
Chambersburg PA
CBHW050041230526
45470CB00003B/1390